Alfred Klar

Die fahrenden Komödianten

Scherzspiel in einem Aufzuge

Alfred Klar

Die fahrenden Komödianten
Scherzspiel in einem Aufzuge

ISBN/EAN: 9783744610308

Hergestellt in Europa, USA, Kanada, Australien, Japan

Cover: Foto ©ninafisch / pixelio.de

Weitere Bücher finden Sie auf **www.hansebooks.com**

Die
fahrenden Komödianten.

Scherzspiel in einem Aufzuge

von

Alfred Klar.

— • • —

Prag, 1876.
Verlag der Bohemia,
Aktiengesellschaft für Papier- und Druckindustrie.

Personen:

Der Wirth.

Sepp, sein Sohn.

Volkmarius
Clariffima
Hilaria
Lavinia   } Komödianten.
Innocentia
Metella
Harditia

Der Schulmeifter.

Hans, Bauernburfche.

Kellnerin.

Komödianten, Bauern, Schulknaben, Knechte.

Ort: Ein großes Dorf an der Moldau.

Zeit: Vor 70 Jahren.

1*

Vorbemerkung des Verfassers.

Das nachfolgende Scherzspiel gelangte am 3. April 1876 zum Schlusse eines Theaterabends, an dem sich mehrere Opern- und Schauspielkräfte vom Prager Publikum verabschiedeten, zur ersten Aufführung. Einer durch gleichartigen oder ähnlichen Anlaß hervorgerufenen Aufführung an anderem Orte müßte die Weglassung oder Localisirung jener Stellen vorangehen, die sich auf Persönlichkeiten beziehen und die im Texte durch Klammern ([ ]) kenntlich gemacht sind. Auch eine entsprechende Veränderung der Komödianten Namen würde sich in solchem Falle empfehlen.

Erſte Scene.

(Platz vor dem Wirthshauſe; rechts und links Tiſche und Bänke. Vom Zuſchauer links Eingang in die Schenke, rechts ein ſchlichtes Gebäude, ſo angebracht, daß eine Perſon am Fenſter ſichtbar werden kann. Im Hintergrunde die Landſtraße.)

Volkmarius, Wirth, Sepp.

Volkmarius.

Herr Wirth — ein friſches Faß — vom Beſten!
Bald wimmelt's hier von Abſchiedsgäſten.

Wirth.

Nein, wie das wirthſchaftet mit den Reſten!

Volkmarius.

Am End iſt's ihm wohl gar nicht recht,
Wenn man ſein Geld bei ihm verzecht?

Wirth.

Sein Geld? Wann hätt' ich das gekannt?
Der Mund ſtets voll und leer die Hand —
Das iſt der rechte Komödiant!

Volkmarius.

Ei guter Herr, was ihr anſunſt
Habt profitirt von unſrer Kunſt
Das ward wohl niemals angekreidet?
Habt ihr Euch nicht am Spiel geweidet?
Fiel nicht in Euren dunklen Saal
Von unſerer Kunſt ein goldner Strahl?
Ward Eure trübe Alltagswelt
In tauſend Farben nicht erhellt,
Habt Ihr den Märchen nicht gelauſcht,
In Phantaſieen Euch berauſcht,
Habt Ihr die Augen nicht verdreht
Vor Rührung faſt wie beim Gebet
Und dann beim luſt’gen Zeitvertreib
Geſchüttelt Euren feiſten Leib?
Und da die Luſt Ihr durchgemacht,
Gehört, geſehn, geweint, gelacht,
Iſt, Alter, das nicht Lohn genug?

Wirth.

Der Teufel! Eitel Lug und Trug!
Was bleibt, wenn ihr Euch erſt empfahlt?
Das kommt und ſchwindet über Nacht;

Rein Satansfunst, erlogne Pracht!
Und dann — hatt' meinen Platz bezahlt,
War, wie man in der Stadt es nennt,
Ein wohlbestallter Abonnent.
Drei Groschen für die erste Bank!
Da redet Ihr mir noch von Dank!
Und endlich — was habt Ihr geboten?
Kaum alle heil'ge Zeit einmal
Ein Spaß und ein'ge luste Zoten,
Sonst lauter Streit, Angst und Malheur,
Als ob die Höll auf Erden wär.
Was ist dabei herausgekommen?
Habt jeder selber einen Sparren
Und machtet auch das Dorf zum Narren.
Die Mädels haben's ernst genommen,
Sind weinerlich und liebestoll,
Die Jungens ganz vom Unsinn voll,
Da meinem Sepp, dem Bengel, seht,
Habt ihr total den Kopf verdreht,
Weiß nichts von Wirthschaft, Wein und Bier,
Steckt seine Nase in's Papier,
Thät alleweil den Mund aufsperren,
Hält sich für einen großen Herrn,

Läßt sich vom Knecht beim Heuaufladen
Per „Herr" tituliren und „Euer Gnaden,"
Declamirt im Stall, daß die Pferde scheun
Und bellt, wie ein Pudel, im Mondenschein.

Volkmarius.

Was ist des Schwätzens kurzer Sinn?

Wirth.

Daß ich des Unsinns müde bin.

Volkmarius.

Nun wohl, so bleibt bei Euern Pfannen,
Als ob Ihr nie gesehn uns hättet!
Ihr wißt: wir ziehn noch heut von dannen.

Wirth.

So haben, Freund, wir nicht gewettet,
Verwahret hab ich, Gott sei Dank,
All Euer Zeug im großen Schrank,
Die Schilde, Lanzen, Helme, Kappen,
Die Kleider, Mäntel, all' die Lappen,
Ich hab' und halt' sie im Besitz.
Trüg' ich's zum Jahrmarkt in die Bude,
Kaum ein paar Groschen gäb' der Jude,

Ihr aber braucht's; denn Euer Witz
Ist ohne diesen bunten Kram
Ein Pfau, dem man die Federn nahm.
Nun hört: macht Ihr nicht Alles quitt,
Nehmt Ihr nicht einen Faden mit!
Wollt Ihr das Pfand: Geld auf die Hand,
Gehorsamer Diener, Herr Komödiant.

(ab in die Schenke.)

Zweite Scene.

Volkmarius. Sepp.

Volkmarius.

Hol dich —! Ein schlimmer Casus traun;
Ein feiner Einfall für so grobe
Gesinnung! -- Unsre Garderobe
Hält nun der Kerl in seinen Klau'n.
Nun Sepp — stehst ganz versteinert da —
Bewunderst wohl den Herrn Papa?

Sepp.

Bewahre Gott, es geht mir nah.

Volkm.

Was kann's denn, Junge, Dir verschlagen?

Sepp.

Ach Herr, vermöcht ich's nur zu sagen!
Wär' ich hier Wirth und selber reich,
Fürstlich beschenkt entließ ich Euch.

Volkm.

Ei, ein Prophet hier in der Wüste,
Ein kleiner, drolliger Mäcen!

Sepp.

Ach könnt ich folgen dem Gelüste,
Wie gerne wollt ich mit Euch gehn,
Wie gerne ließ ich Hof und Haus
Und zög' mit Euch zum Spiel hinaus!
Es ist mein Sehnen Tag und Nacht,
Zu theilen Eure bunte Pracht,
Mit Euch von Stadt zu Stadt zu wandern,
Mir selbst zur Lust, zur Lust den Andern,
Heut König, morgen Bettler sein,
Doch jedes Tags mich frisch erfreun!

Volkm.

Ja, ja, Ihr liebt das Abenteuer,

Das Eure jungen Sinne reizt,
Das brennt, verlischt wie Ofenfeuer —
Man hat Euch tüchtig eingeheizt.
Der Komödiant vom r e ch t e n Stamme,
Der glüht von einer andern Flamme.
Kennt Ihr die Noth und das Entbehren,
Kennt Ihr des Strebens ew'gen Drang,
Kennt Ihr des Urtheils harte Lehren
Und unsrer Pflichten ernsten Zwang,
Die schmerzbewegte Lust am Schaffen,
Die Kraft erweckt und Kraft verzehrt?
Beim Hören freilich und beim Gaffen,
Merkt Niemand, wie's im Innern gährt.
Der frohe Sinn — das ist das Kleid
Des Standes, dem wir uns geweiht;
Doch u n t e r m Kleide, Freund, da schlägt
Das Herz der Kunst, gar wild bewegt,
Das tausend üpp'ge Freuden hegt,
Doch eine Welt von Sorgen trägt.

Sepp.

Mir ist fürwahr auch nicht zum Spassen.
O könnt ich's nur in Worte fassen,

Wie's meinem armen Sinn erging,
Eh erst mein Herz an Eurem hing!
Im Anfang, da Ihr angekommen,
Da hat's mir den Verstand genommen,
Ich ging herum wie in der Irre,
Mir war in Kopf und Herzen wirre;
Auf einmal ging mir auf der Sinn —
Da war ich auch schon mittendrin,
Haus, Hof und Keller war mir Schein
Und Eure Welt das wahre Sein.
Als Ihr den General einst machtet,
Den Alba glaub ich — fest und stramm,
Den Kerl, der Niederländer schlachtet,
Wie wir den Ochsen und das Lamm,
Ging ich drei Tage fest und steif,
Als wär' um meinen Leib ein Reif.
Als einst den Hassan ihr gespielt,
Den Wicht, der schwarz von auß' und innen,
Ein Lump nach allen Seiten schielt,
Gerieth ich völlig außer Sinnen.
Nachts schmiert' ich mit Kienruß an
Und brüllt' in meiner Kammer dann
So lange und mit solcher Macht,

Daß drob die Hunde aufgewacht —
Und als ihr erst den F r a n z agirtet,
Da war es ganz um mich geschehn —
Was ihr zuletzt an Angst verspürtet,
Hab ich g e l e b t, n i ch t nur g e s e h n —
Ich war verhext, f e st mein Entschluß,
Daß Komödiant ich werden muß.
Und e i n e n Wunsch heg' ich allein:
Könnt einmal nur beim Lampenschein
Ein so mordmäßger Schurk' ich sein!

V o l f m. (b. S.)

Fürwahr, der Kerl hat was wie Schwung;
Einfältig drollige Geberden,
Der Junge müßt' Naturbursch werden!

S e p p (fortfahrend).

Ich glaub — ihr nennt's Begeisterung,
Wenn's Einem durch die Adern rennt,
Als hätte Feuer man im Blute,
In Schläfen pocht, im Kopfe brennt,
Nun seht, just so war mir zu Muthe.

Volkm.

Sagt, Freund, habt Ihr einmal dem Vater
Die stille Neigung anvertraut?

Sepp.

Ich denk' dran, daß mir heut noch graut —
Nur schüchtern sprach ich vom Theater,
Da poltert er gleich überlaut:
„Du, Schlingel, wärst Du je dabei,
Holt Dich des Ortes Polizei
Bereits im allernächsten Flecken
Und läßt in's tiefste Loch Dich stecken!"
Ich wagt's und sprach ein Wort dagegen,
Da wurde er fuchsteufelswild,
Droht mir mit Hunger und mit Schlägen
Und schwur, von heft'gem Zorn erfüllt:
Eh Du es nicht an mir erlebt,
Daß ich, der Schwappelmeyer Franz,
Mit schlechtem Goldpapier beklebt,
Behängt mit buntem Firlefanz,
Vor dem gesammten Dorfgesindel
Mitmache den Komödienschwindel,
Eh wird ein Mensch von meinem Blut,

Und wär er zehnmal Thunichtgut,
Und so wie Du ganz hirnverbrannt,
Sein Lebtag nicht ein Komödiant.

Volkm.

Wie? hat er wirklich so geschworen?

Sepp.

Ganz feierlich mit seiner Rechten,
Vor allen Mägden, allen Knechten;
Sie hörten es mit eignen Ohren.

Volkm.

Dann gratulir' ich Dir, mein Junge.

Sepp.

Hab ich um Euch verdient den Spott?

Volkm.

Wer denkt daran! Bewahre Gott!
Ich gratulir mit Herz und Zunge.
Wer einmal nur Bedingung stellt,
Steht nicht mehr fest auf seinem Willen;
Man setzt den Hebel an: er fällt.
Indeß Du sprachst, hab' ich im Stillen
Ein Schauspiel rasch mir ausgedacht —

Und weil Dein Sinn mir wohlgefällt
So bist Du in dem Stück der Held.

Sepp.

Mich dünkt, daß Ihr mich nur verlacht.

Volkm.

Nein! Lachen wollen wir vor Freude,
Gelingt mein Schauspiel, alle beide;
Nur rasch gedacht und rasch gethan,
So fängt die Lust im Fluge man.
Komm laß uns zu den Andern gehn,
Die eben jetzt zum Abschied rüsten,
Uns rasch mit ihnen einverstehn:
Mir ist, als ob wir siegen müßten.
Du selbst, mein Freund, sollst beim Beginnen
Den Löwenantheil dir gewinnen.
Nur folge uns'rem weisen Rath
Und mach Dich rasch bereit zur That!
Zeig frischen Muth und man erkennt
Das eingeborene Talent!
Stehst bei den Musen Du in Gunst,
Kommst Du durch Künste jetzt zur Kunst!

(Beide ab in das Haus rechts.)

Dritte Scene.

Schulmeister. Hans.

(Von der Landstraße kommt eiligen Schrittes der Schulmeister — sonntäglich gekleidet — in der Seitentasche des Rockes eine lange Papierrolle — eine Weile später von der anderen Seite Hans, frisirt, rasirt, einen ganzen Strauß im Knopfloch — im Sonntagsstaat der Bauern.)

Schulmeister.

Herr je wie heiß — das war ein Laufen,
Als wär die Hölle hinterdrein!
Muß eine Weile hier verschnaufen.

Kellnerin.
Gefällig?

Schulmeister.

Einen Schoppen Wein!
(sich umschauend)
Wenn nur mein Weib mich nicht erwischt
Bekäm' was Schönes aufgetischt!
(Pause)
Die ganze Nacht plagt's mich in Träumen,
Ich könnt's am Ende gar versäumen.
Und dabei mußt' ich reimen, reimen!
Doch jetzo ist es mir gelungen.

2

Sie sind noch da. Am Fenster. früh'r
(mit Empfindung)
Gewahrt ich einen Schuh von ihr.
Von ihr! Wie hab ich sie besungen!
(Zieht die Rolle aus der Tasche.)
[„So oft ich in Tragödia
Dich spielen sah, Lavinia,
Als Desdemona, Julia,
Als Hero und Parthenia,
Emilia et cetera,
Bewundr' ich die ingenia
Und deine hohe ratio.
Mit tiefster admiratio
Empfehl ich Dir als armen
Gefühlserpreß dies Carmen!"]
(Sich unterbrechend.)
O weh, o weh, welch ein Verdruß!
Mir fehlt ein Fuß, mir fehlt ein Fuß!
(Setzt sich, speculirt, schreibt, streicht aus u. s. w.)

Hans.

Dem Alten wär' ich gut entkommen,
Die Burschen alle sind bestellt,
Vom Feld die Blumen all genommen,

s' wird eine Hetz, die mir gefällt.

Ich seh' fürwahr nicht übel aus,

Putzt' wie zum Sonntag mich heraus,

Vortrefflich steht der Blumenstrauß

Clarissima, Hilaria

Holdsel'ge Innocentia,

Wollt ihr mir heut' nicht gnädig sein,

Habt ihr drei Herzen hart wie Stein!

(erblickt den Schulmeister, bei Seite)

Ei, ei, wobei mag der hier schwitzen?

Der sollt' ja in der Schule sitzen.

(laut)

So früh im Wirthshaus schon, Herr Lehrer?

Schulmeister.

Was geht's ihn an? (b. S.) Ein ordinärer,

Ein dummer Kerl! (laut) Mir fehlt ein Fuß!

Hans.

Ist Antwort das auf meinen Gruß?

Mir scheint, Ihr seid im Kopf blessirt.

Schulm.

Stört nicht den Lehrer, der studirt!

2*

Hans. (b. S.)

Wo kommt denn Der so früh daher?
Kommt mir wahrscheinlich in die Quer.
Hat lauter verdrehte Dinge im Kopf
Und bildet sich ein, daß ein alter Zopf
Noch wem gefallen könnt; der Tropf!

Schulm. (b. S.)

Was macht denn dieser Esel hier?
Arrangirt wahrscheinlich ein Plaisir
Und stört die erhab'ne Feier mir,
Versteht kein einzig Wort Latein
Und mischt sich in die Kunst hinein.

Hans. (b. S.)

Am End' kommt mir der Narr zuvor.

Schulm. (b. S.)

Am End' stört der mir meinen Chor.

Hans (an den Schulmeister herantretend.)

Herr Schulmeister, ich sag Euch was,
Ihr seid nicht da nur so zum Spaß,
Ihr spitzt auf was, Ihr habt was vor.

Schulm.

Was geht's ihn an, er junger Thor?

Hans.

Ich weiß, Ihr seid in das blonde Schenie
Schon lange ganz verliebt.

Schulm. (rasch)

Und wie!

(O weh, da hab ich mich verschnappt.)

Hans.

Nun seht, wie das so herrlich klappt!
Ich schwärm' für die brunette Kunst;
Ein jeder wirbt um andre Gunst,
Laßt uns gemeine Sache machen,
Ihr habt den Geist, ich andre Sachen —

Schulm. (einlenkend.)

Nun, wenn Ihr so vernünftig sprecht —

Hans.

Nicht wahr? Da bin ich Euch schon recht.
Nun gut, laßt uns zusammengehn
Und, was beim Abschied soll geschehn,

Das wollen klüglich wir bei Zeiten
Als große Hetze vorbereiten.

Schulm.
Könnt ich den Fuß nur repariren!

Hans.
Kommt nur, das gibt sich beim Spazieren.
(Ab gegen die Landstraße.)

Vierte Scene.

Volkmarius, dann der Wirth.

Volkmarius.
(Aus dem Hause rechts kommend, ruft nach links.)
Herr Wirth, Herr Wirth! Es ist was los.

Wirth.
Was gibts? Was thut der Herr so groß?

Volkm.
Hört nur und thut die Ohren auf!

Wirth.
Na was ist los? Ich warte drauf.

Volkm.

Gekommen ist aus Rappelsau
Der Herr Direktor mit seiner Frau,
Bracht' ganze Säcke voll Thaler mit.

Wirth.

Warum nicht gar? Jetzt, vor dem Schnitt?

Volkm.

Wir sollen hier uns produciren,
Er will uns prüfen, engagiren,
Doch hat er nur ein S t ü n d ch e n Zeit
Wolit Ihr bezahlt sein, seid gescheidt,
Macht willig Alles hier bereit,
Bringt alle Stühle aus dem Haus,
Schafft Euer Hackbrett auch heraus
Und laßt es nicht am Weine fehlen!
Wir brauchen's jetzt für unsre Kehlen.

Wirth.

Ei was, Ihr wollt mich nur bethören.

Volkm.

Blickt auf, da könnt Ihr's sehn und hören.

Sepp als Direktor.

(am Fenster)

Hurtig, Herr Wirth, rasch arrangirt!
Macht Beine, ich bin sehr pressirt.

Wirth.

Gleich, gnäd'ger Herr (das kommt zum Glücke).

Volkm.

Vergeßt nicht die Garderobestücke.

Wirth.

Gleich, gnäd'ger Herr, im Augenblicke.

(Wirth hinein.)
(Sessel und ein Clavier werden herausgeschafft.)

Volkm.

So, der ist in der richt'gen Hitze!
Das gibt zur Ausfahrt günst'gen Wind!
Glück auf zu unsrem raschen Witze;
Er spielt mit Grobheit und gewinnt.

Fünfte Scene.

(Inzwischen lustige Musik. Aus dem Hause rechts
kommt der Direktor mit seiner Frau und nimmt auf einer
improvisirten Estrade im Mittelgrunde Platz. Nach ihm
kommen die Komödianten und Komödiantinen, die im Halb=
rond Platz nehmen und Gruppe bilden. Im Hintergrunde,
etwas später, links der Schulmeister an der Spitze der ge=
putzten Kinder, rechts Hans mit Bauernburschen, welche
Kränze und Blumen tragen. Ein Theil der Burschen baut
eine primitive Triumphpforte auf der Landstraße. Der
Wirth aus dem Hause rechts, hinter ihm Knechte mit Ge=
tränken und mit den Garderobestücken, die auf einem Tische
ausgebreitet werden. Die Ordnung muß rasch gemacht werden.
Sobald die Gruppe hergestellt ist, verstummt die Musik.)

Sepp als Dir.

Nun vorwärts, ohne Aufenthalt!

Nur rasch zur Probe der Talente!

Ich hab im Blicke die Gewalt

Und faß das Ding am rechten Ende.

Erst gestern prüf' in Rappelsau

Ein Dutzend ich mit meiner Frau.

Durch die große Lehre vom Geist und Talent

Weiß ich, wie man die Kraft erkennt.

Was erst emporkeimt, unbewußt,
Thät klar vor meinem Blick erscheinen.
Der hat's im Kopf, d e r in der Brust,
Ein dritter hat es in den Beinen,
Und wär's auch in der Fußspitz' versteckt,
Ich hab noch stets das Talent entdeckt!
Ihr, Volkmar, sollt zuerst probiren.

Volkm.

Ich will Euch was vom Franz agiren.
Herr Wirth macht einen Stuhl bereit
Und hängt das Schwert mir an die Seit'.

(Wirth thut es.)

Nur nicht so heftig angepackt —
Nun merkt: wir sind im vierten Akt!

(Trägt den Monolog des Franz Moor aus dem vierten Akte der
„Räuber“ vor.)
(Zum Schluß Applaus auf der Bühne, auch der Direktor und
seine Frau applaudiren.)

Schulmeister

(der rückwärts eifrig geschrieben, eilt nach vorn und beginnt).

Nie sah' ich so den habitus,
Wie ihn ein Bös'wicht haben muß.
Welch ein Genuß bei dem Verdruß,
Du hochverehrter Roscius!

Volkm.
(ihn unterbrechend).

Gott schütz' mich vor dem Genius!

Hans
(mit einem Strauß).

Darf ich Euch das in's Knopfloch stecken?
(Thut's.)

Volkm. (b. S.)

Nie hat man Ruh' vor diesen Gecken!

Sepp als Dir.
(zu seiner Frau ihr, den Kontrakt zeigend.)

Ich denk, der hat die richt'ge Nage!

Harditia als Directrice.

Den Monat Urlaub mußt Du streichen.

Sepp als Dir.
(zu Volkm.)

Bravo! Zehn Tausend Thaler Gage,
Setzt drunter Euer Namenszeichen.
Nun vorwärts, rasch, Hilaria,
Was werdet Ihr zur Probe bringen?

Hilaria.

Hab just ein kleines Liedchen da,
Das will ich mit Erlaubniß singen.

Sepp als Dir.

Ei was nicht gar? Das könnt Ihr auch.

Hilaria.

Am Rhein singt jedes, das ist Brauch.

Volkm.

[Ja, ja, sie hat es vom Papa,
Dem weit und breit am Rhein bekannten
Hilarius, dem Musikanten.]

(Lied der Hilaria.)
(Applaus.)

Hans (tritt vor).

Himmlisch! Ich bin bezaubert ganz,
Im Namen Aller diesen Kranz
Und extra diesen Strauß von mir.

Hilaria.

Habt Dank!

Hans.

Sie dankt! Welch ein Plaisir!

Sepp als Dir.

Bravo! Ihr habt fames gesungen
Hier ist für's Schauspiel der Contrakt,

Für's Singen ist nichts ausbedungen.
Doch singt, so oft die Lust Euch plagt,
Es wird dafür nichts abgezwackt!

Hilaria.

Wie gnädig, darf ich also singen?

Sepp als Dir.

Ganz, wie Ihr wollt — auch tanzen, springen.
(Clarissima tritt vor.)
Nun hört mich an, Clarissima,
Ich weiß, Ihr spielt der Rollen viele
Und seid zu Hause dort und da;
Gebt Proben mir von jedem Style,
Sprecht nur zwei Worte: „Lieber Freund"
Doch stets in andrer Art gemeint.

Denkt: Euer Mann war in Gefahr,
Ein Freund hat aus der Feinde Schaar
Mit starkem Arme ihn errettet,
Ihr kämt zu danken, doch Ihr hättet
Kein Wort so herzlich, wie Ihr's meint —
Ruft nur voll Rührung:

Clariss.

Lieber Freund!

Sepp als Dir.

Ihr seid zu Hof; mit Euch ein Mann,
Den Ihr bedacht mit Eurer Gunst,
Ihr winkt ihm mit verstohl'ner Kunst;
Er merkt's nicht, kommt nicht recht heran.
Da ruft Ihr harmlos, wie es scheint
Doch ihm verständlich:

Clariss.

Lieber Freund!

Sepp als Dir.

Euer Knabe ist vom Feu'r bedroht,
Ihr ringt die Händ' in höchster Noth,
Da setzt ein Retter die Leiter an,
Ihr wünschet Flügel dem braven Mann,
Der wie ein Engel Euch erscheint,
Ruft angstvoll drängend:

Clariss.

Lieber Freund!

Sepp als Dir.

Ein Heuchler hat Euch schnöd' betrogen,
Ihr dämmt zurück des Zornes Wogen,

Ihr wollt den Schmerz nicht merken laſſen,
Verbergen, daß Ihr faſt geweint,
Verachtung nur zuſammenfaſſen
In Einem Wort:

Clariſſ.

Ein lieber Freund!

Sepp als Dir.

Ein alter Prahlhans wird nicht müde,
Zu melden, wie es ihm gelang,
Wie ſtets im Lied er, in der Liebe,
Im Kampf den erſten Preis errang;
Ihr hört ihm zu, währt's noch ſo lang,
Und ſagt nur, was Ihr lächelnd meint,
Zum Schluß im Ausruf:

Clariſſ.

Lieber Freund!

Sepp als Dir.

Ein Geck hat Euch die Lieb' erklärt,
Er iſt Euch weder lieb' noch werth,
Doch habt Ihr Grund, den Mann zu ſchonen,

Dürft' die Versagung nicht betonen;
Ihr sagt nicht ja, doch Ihr verneint
Auch nicht, Ihr sagt nur:

Clariss.
Lieber Freund!

Sepp als Dir.

Ihr seid verarmt, in arger Noth,
Für Eure Kinder fehlt das Brod,
Das Bitten wird Euch gar zu schwer,
Doch hilft kein ander Mittel mehr —
Zum Vetter — reich und stolz ist er —
Kommt ihr verschämt und halb verweint,
Beginnet leise:

Clariss.
Lieber Freund!

Sepp als Dir.

Nach langem, harten Mißgeschick
Wird Euch der Liebe volles Glück.
Vorbei der Schmerz; der Liebste naht,
Der Euch erreicht durch muth'ge That,

Ihr eilt entgegen, Freud' im Blick,
Nach langer Trennung i h m vereint
Und jubelt stürmisch:

Clariss.

Lieber Freund!

Hans
(sich vordrängend).

Zuletzt, da hat sie mich gemeint.
(Allgemeiner Applaus.)

Hans (zu Cl.)

Ich bin im Innersten gerührt,
Hier dieser Kranz, der Euch gebührt,
Doch wenn's Euch nicht zu schwer erscheint,
Sagt nochmals — —

Clarissima.

Danke, lieber Freund.

Sepp als Dir.

Das ist ein sonn'ger Lustspielton,
Zugleich ein Laut für Sensation!

3

Vortrefflich), ich bin ganz charmirt;
Seid auf der Stelle engagirt,
Ihr könnt die höchste Gag' erzielen;
Doch müßt Ihr täglich zweimal spielen.

(Clar. verbeugt sich.)

Wirth (von seinem Platze).

Wenn man's so hört, klingt's wunderschön,
Doch, gnäd'ger Herr, bezahlt Ihr auch?

Sepp als Dir.

Wie kann er zweifeln, schnöder Gauch.
Es hat, eh wir von dannen gehn,
Das Seine Jeder eingesteckt.

Wirth.

Dann meinen schuldigen Respekt,
Ich schau nun 'mal nicht gern in's Leere;
Wenn was herausschaut, alle Ehre!

Sepp als Dir. (nachdrücklich).

Der Kerl drückt sich vortrefflich aus.

Lavinia, nun kommt Ihr daran,

Sprecht aus der Stimmung was heraus,

Ihr zieht jetzt aus dem Dorf hinaus

Und wollt ein neues Reich Euch stiften,

Sagt Lebewohl den Bergen, Triften!

Lavinia (zum Wirthen).

Gebt mir den Helm, denn mir gehört er an.

Wirth.

Jetzt gern, da man Euch trauen kann.

Lavinia

(deklamirt den ersten Monolog aus der Jungfrau).

(Applaus wie früher.)

(Schulmeister und Hans drängen sich zugleich vor. Der Schul=
meister reißt Hans den Kranz aus der Hand, übergibt ihn der
Lavinia und zieht die Rolle hervor.)

[So oft ich in Tragödia

Dich spielen sah, Lavinia,

Als Desdemona, Julia,

Als Hero und Parthenia,

Emilia et cetera,

Bewundr' ich die ingenia — —]

3*

Lavinia (ihn unterbrechend).

Genug — ich bin ihm sehr verbunden.

Schulmeister.

Verbunden! Herrlichste der Stunden!
Ich bin vom Gaudium ganz beseelt!
Sie merkt nicht, daß ein Fuß mir fehlt!
(Zieht sich mit Hans, der ihn wegen des geraubten Kranzes aus=
zankt, zurück.)

Sepp als Dir.

Vortrefflich, das ist Kraft und Schwung
Und Adel, wie ich's gerne mag;
Das ist was für Begeisterung,
Das zieht am Sonntag Nachmittag.
(Gibt, nachdem er die Directrice fragend angesehen, Lavinia den
Kontrakt.)

Sepp als Dir.

Metella, wie von Euch man hört,
Liebt Ihr, was frisch und ungelehrt.
Von Liedern, die dem Volk entströmen,
Laßt uns zur Probe ein's vernehmen.

Metella

(die unterdessen vorgetreten ist und sich verneigt hat, deklamirt
ein Dialektgedicht).

Sepp als Dir.

Gar frische Töne und gesunde!
Nehmt den Kontrakt hier in Empfang,
Die Mundart klinget stets zu Dank,
Kommt sie von einem art'gen Munde.

Hans
(indem er ihr einen Kranz überreicht).

So wenig ich davon verstand,
Es war fürwahr ganz interessant.

Sepp als Dir.

Nun laßt uns die Naive hören!
Sie steht bei Euch ja sehr in Ehren.
Was Kindisches, was Neckisches,
So etwas Herzentdeckisches,
Was schon vor Unschuld nicht mehr wahr!

Innocentia (macht einen Knix).

Sofort! Das ist ja gar nicht rar.

Innocentia

(deklamirt ein neckisches Gedicht, vielleicht das folgende:

Das ungesprochene Wort.

Nein, sprach der Hans, was doch die Käthe
Mit ihrem Schweigen haben mag,
Wenn ich bescheiden vor sie trete
Und sie nach dem und jenem frag'.

Jüngst erst beim Fest, als Müllers Lise
Den Vetter Hans zum Mann erhielt,
Und auf des Nachbarn großer Wiese
Zum lust'gen Tanz ward aufgespielt,

Trat ich zu ihr und sagte: Käthchen
Wird dir ein Tanz gefällig sein?
Glaubt ihr, sie sprach ein Wort, das Mädchen,
Ein einzig Wort? Bei Leibe nein!

Auf meinen Gruß kein freundlich Grüßen,
Sie öffnet halb den kleinen Mund,
Um rasch ihn wieder zu verschließen
Und dreht sich still mit mir im Rund.

Ein andermal, am frühen Morgen
Sucht sie, so scheints, ihr Glück im Klee,
Als just ich in dem Gras verborgen
Ein viergetheiltes Blatt erseh'.

Ich neig' mich rasch, um es zu pflücken
Und reiche ihr's; sie nimmt es an,
Betrachtet mich mit großen Blicken.
Will sprechen erst und schweigt sodann.

Nein, was sie mir doch sagen möchte;
Ich denke nach und rath es nicht,
Es muß was Schlimmes sein; das Rechte
Liest man den Leuten vom Gesicht.

Doch sieh', ist das nicht Käthchens Garten?
Hier liegt sie unterm Eichenbaum
Und schläft. Halt', Hans, da laß uns warten,
Vielleicht verräth sie mirs im Traum.

Hans beugt, das Wort ihr abzulauschen,
Sich über sie und harrt darauf.
Ein leiser Wind, ein Blätterrauschen
Und Käthchen schlägt die Augen auf.

Erschließt den Mund als wie zum Sprechen,
Ein Wort auf ihren Lippen blüht.
Halt, dachte Hans, das will ich brechen,
Und lauscht, daß Aug' in Auge glüht —

Da trifft sein Mund des Mädchens Lippen
Und die Gedanken küßt er fort;
So durft' er ihr's vom Munde nippen,
Doch ungesprochen blieb das Wort.)

(Applaus.)

Schulmeister (drängt sich vor).

O Herrliche, o Kindliche,
In der Unschuld Unüberwindliche!

Hans (schiebt ihn bei Seite).

Wird er sich gleich zum Teufel scheeren,
Mich mußt Du, holder Engel, hören!
Den Kranz hier, aus des Herzens Tiefen
Nimm ihn vom Freunde des Naiven!

Innocentia.

Ich danke sehr, naiver Freund!

Hans.

Naiv? wie hat sie das gemeint?
Wahrscheinlich hat es nur den Sinn,
Daß ich ihr selber ähnlich bin.

Sepp als Dir.

Nie hab' ich schöner gurlen hören,
Das kann die ganze Welt bethören.
Ihr müßt zu mir in's Engagement;
Wenn meine Habitué's Euch hören,
Fängt neu der Unschuldsglaube an.
Und nun die Prüfung abgeschlossen,
Sprech' Allen meinen Dank ich aus.
Ihr seid willkommene Genossen!
Ein Jeder macht ein volles Haus.
Allein, damit Ihr auch erkennt,
Wie man entdecket ein Talent,
Will ich Euch jetzt in Eurem Reigen
Den allergrößten Künstler zeigen.

(ruft)

Herr Wirth kömmt näher nur heran;

(zu den Andern)

Seht einmal diesen simplen Mann!

Von Bildung hat er keine Spur,
Allein er ist eine Kraftnatur.
Seht einmal diese Muskulatur,
Den Ausdruck und das Feuerauge;
Man sagt ihm nur, wozu er tauge
Und seine Zukunft ist entschieden.

Wirth.

Ich bitt Euch, Herr, laßt mich zufrieden!

Sepp als Dir.

Zufrieden sollt erst recht Ihr werden,
(zu den Anderen)
Seht nur die prächtigen Geberden!
Das ist das richtige Talent,
Das unbewußt, von Fall zu Fall,
Wie das edle Pferd in seinen Stall
In der Kunst geheiligten Tempel rennt.

Wirth.

Jetzt hab ich's satt, jetzt — Saperment —

Sepp als Dir. (unterbricht ihn)

In dieser Wuth liegt Poesie —
Hört mich nur an, ihr Mordgenie,
Ihr habt nun mal die hohe Kraft,

Aus der die Kunst Gestalten schafft,
Gebt mir denn diese Kraft zur Miethe;
Ihr sollt befriedigt sein, ich biete
Euch fünfzehntausend Thaler jährlich
Und mehr noch, ist Euch d a s zu spärlich.

Wirth.

Was? fünfzehntausend? Sprecht Ihr ehrlich?

V o l k m. (zu den Anderen, halblaut)
Seht nur, er wird schon ganz begehrlich.

Sepp als Dir.

Zwei Monate dürft Ihr auf Urlaub gehn.

Wirth (nachdenklich).
Da könnt ich nach meinem Wirthshaus sehn.
(zum Dir.)
Sagt, ist das nicht nur so geschwätzt?

Sepp als Dir. (zeigt ein Papier.)
Da! Der Contract ist aufgesetzt.

Wirth.

Habt Ihr zu zahlen auch im Sinn?

Sepp als Dir.

So wahr ich Direktor von Rappelsau bin.
Doch eh wir fest Euch engagiren,
Müßt Ihr uns etwas declamiren.

Wirth (mit sich kämpfend).

Der Teufel auch, wer wird sich schämen,
Ein solches Heidengeld zu nehmen?
Du lieber Gott, zwei Thaler jährlich
Und fünfzehntausend Monat frei,
Da bleib ein Andrer fromm und ehrlich,
Ich werde Komödiant! (z. Dir.) Es sei,
Was Ihr auch wünscht, ich bin dabei!

Sepp als Dir.

Brav, das gereicht Euch sehr zum Lobe.
Und nun auch schleunigst an die Probe!
Volkmarius, habt Ihr was zur Hand?

Volkm.

Gleich Herr Direktor (zieht ein Papier aus der Tasche hervor) beieinand'
Stehn hier die beiden Schlachtberichte
Der „Jungfrau“ und des „Wallenstein“
Wählt Euch denn einen von den zwei'n!

Wirth (eifrig.)

Ich sag' die ganze Mordgeschichte.

Volkmar.

Nun gut, stürzt auch nur frisch hinein.

Sepp als Dir.

Gebt ihm auch Panzer, Helm und Schwert!
(Es geschieht.)
Nun redet deutlich, daß man's hört.

Wirth
(setzt sich eine Brille auf und räuspert sich).

Geduldet Euch ein Weilchen nur,
Ich stell mich erst in Positur.

(Er beginnt nach einigen Anläufen und trägt die bekannte Verquickung der beiden Schlachtberichte vor. Man merkt ihm an, daß er bald die rechte, bald die linke Seite des Blattes in's Auge faßt. Er wird während des Vortrages immer eitler und bewußter.)
(Während des Vortrages wirft Sepp die Maske des Direktors ab, Harditia die entstellende Perrücke der Directrice ab. Sie machen den Umstehenden Zeichen, das Erstaunen nicht laut kundzugeben. Nach dem Vortrag Beifall und Gelächter, an dem sich auch die Dorfjugend betheiligt.)

Volkm.

Bravo, famos, Ihr seid gefangen!

Wirth (sich umsehend).

Zum Teufel! Bin ich hintergangen?
Wo ist der Direktor von Rappelsau?

Volkm. (auf Sepp und Harb. deutend).

Da steht er sammt der gnäd'gen Frau.

Wirth.

Da schlag das Wetter in die Welt!
Hat mich der Bursche so geprellt?
Vermaledeiter Bengel Du!

Sepp.

Verzeiht, mich trieb die Kunst dazu!

Volkm. (rasch, zum Wirthen).

Gemach! Hört mich nur erst in Ruh!
(Zieht Contracte aus der Tasche.)
Hier sind die ernstlichen Verträge

Sie führen uns (auf die Kom. deutend) verschied'ne Wege;
Doch sind wir auch verstreut im Reich,
Verpfänden unser Wort wir Euch
Für das, was Ihr mit Recht verlangt!
(auf Sepp deutend)
Was diesen Burschen anbelangt,
So freut Euch sein, dem Himmel dankt,
Daß wir sein schön Talent erkannt!

Wirth
(halb unwillig.)

Nein, der wird niemals Komödiant!

Volkm.

Halt, guter Freund, da irrt er sich!
(nachdrücklich)
Habt Ihr nicht selber feierlich
Vor allen Mägden, allen Knechten
Geschworen mit erhobner Rechten,
Daß wenn Ihr vor dem Dorfgesindel
Selbst mitmacht den Komödienschwindel,
Ihr Eurem Sohn gestattet, dann
Mit uns, den Gauklern, frei zu schalten.

Nun wohl, seid Ihr ein Ehrenmann,
So werdet Euer Wort Ihr halten.

Wirth (zu den Umstehenden.)
Hab ich das wirklich so geschworen?

Einige Knechte
(bestätigend.)
Wir hörten es mit eignen Ohren!

Wirth
(nach innerem Kampf.)
Verdammt! Da hilft mir nun kein Trutz!
Na sei's denn, nehmt den Bengel hin,
(herzlich)
Doch denkt an mich und sorgt für ihn!

Volkm.
Ich nehm ihn in besondren Schutz.

Wirth.
Ich will die Hand nicht von ihm ziehn,
Und da es einmal muß geschehn,

Ihn mit dem Nöthigen versehn,
Ein Stückchen Wegs auch mit Euch gehn.
(Reicht Volkm. die Hand.)

Volkm.

Seht Ihr, so geht's in Freud und Frieden!

(zu den Bauern, die sich nach vorn gedrängt haben; während der ersten Rede hinter der Coulisse melodische Töne des Posthorns)

Euch aber, die Ihr diesen Ort
Uns lieb gemacht, ein Abschiedswort!
In kurzer Frist sind wir geschieden;
Bald sind entrückt wir diesem Thal,
Schon tönt zur Abfahrt das Signal.
Doch winkt uns Beiden auch das Neue,
Bewahren wir die alte Treue!
Ihr danket uns, wir danken Euch,
Denn in der Kunst erhab'nem Reich
Ist Nehmen Geben, Geben Nehmen:
Ein herrliches Zusammenströmen
Der Seelen, die das Schöne freut.
Wir durften Euch mit Kunst entfalten
Das Hohe, das die Dichtung beut,
Ihr habt begeistert zum Gestalten,
Ein Bündniß ist's für alle Zeit!

4

Lavinia.

Was wir geschaffen — wie der Bach
In Eu'rem Thal, enteilt's auf Schwingen,
Die Welle drängt der Welle nach — —
Der Quell wird ewig sich verjüngen.
Und wo die Well' an's Ufer schlägt,
Hat frisches Werden sich geregt,
Erschloß sich tausendfält'ge Blüthe;
Erhaltet frisch sie im Gemüthe,
Pflegt stets das Schöne; Eure Gunst
Bewahrt den Künstlern in der Kunst!

Hilaria.

Und lebet wohl und lebet heiter,
Doch wenn Euch je ein Leid bedrängt,
Sei Euch ein tröstender Begleiter
Der Sinn, der gern zum Großen lenkt!
Der Dichtung Bestem zugekehrt,
Die selbst den Schmerz Euch schön verklärt,
Ist Euch das Leben doppelt werth!

Clarissima.

Und wenn Ihr frisch und froh genießt,
Vergeßt nicht an den Tropfen Freude,
Der aus dem Becher Andern fließt;
Das Mitgefühl an fremdem Leide,
Wie es des Schauspiels bunte Bilder
In Eurer Seele oft erregt —
Sorgt, daß in's Leben man mit milder
Hilfreicher Hand es überträgt!

Harditia.

Doch in den Herzen — ganz im Stillen —
Bewahrt ein Plätzchen uns zumal!
Leicht, daß ein günst'ger Götterwillen
Zurück uns führt in dieses Thal,
Dann wird die junge Kraft entfaltet,
Talent geübter vor Euch steh'n,
Sorgt, daß die Freundschaft nicht erkaltet,
Laßt Euere Gunst nicht rasch verweh'n,
Laßt sie verjüngt im Lauf der Zeiten
Mit unsrem Können vorwärts schreiten!

4*

52

Metella.

Ihr sollt an uns ein Gleiches seh'n.
Was Liebe gab und Lieb erhielt,
Das war nicht Kunst, war nicht gespielt.
Ob in des Reiches fernste Marken
Der Wink der Muse uns entbiete
Die Lieb' zu Euch wird nur erstarken.
Die Heimat, die uns hier erblüthe,
Sie lebt und welkt nicht im Gemüthe.

Innocentia.

Vergeßt auch nicht die Naivität,
Aus der die Poesie ersteht!
Wie stark der Sturm der Virtuosen
Auch Eure Sinne mag umtosen
Wie sehr Euch Künstelei behext,
Wie hoch auch Eure Bildung wächst,
Vergeßt nicht, wie Ihr angefangen,
Verlernet nicht: naiv empfangen!

(Rückwärts wurde Spalier gebildet, der Weg mit Blumen be-
worfen. Rechts der Schulmeister an der Spitze der Kinder, links
Hans vor den Bauernburschen.)

Schulmeister
(der unterdeß geschrieben).

Glücksgötter sei'n Eure Trabanten,
Fortuna mit allen Anverwandten,
Ein stürmisch Hoch den Komödianten!
(Hoch.)
(Die Komödianten verabschieden sich.)

Hans (zu den Burschen).

Jetzt, mit dem Feuerwerk hervor!

Schulmeister.

Jetzt, Buben, stimmet an den Chor!

(Bengalisches Feuer. Die Schulknaben singen einen Abschiedschor.)

Der Vorhang fällt.

Bemerkungen für den Regisseur.

Die Komödianten erscheinen im Rococo-Costüm. Die Direktor-Maske des „Sepp" muß geeignet sein, denselben unkenntlich zu machen. Der Wirth muß sich von dem als Direktor verkleideten Sepp in respektvoller Entfernung halten, und selbst, wenn er zur Produktion aufgefordert wird, nur um wenige Schritte näher herankommen. Die Schlußreden der Komödianten sind an die sich herandrängenden Bauern, nicht an das Publikum zu richten.

———